刘艳君

牛爱军 ○ 编著

人民邮电出版社

北京

图书在版编目（CIP）数据

八段锦 / 刘艳君，牛爱军编著. -- 北京 ：人民邮
电出版社，2024. --（国术健身）. -- ISBN 978-7-115-
64839-6

I. G852.9

中国国家版本馆 CIP 数据核字第 20242M63W0 号

免 责 声 明

内 容 提 要

本书从"什么是八段锦""为什么练八段锦"和"怎么练八段锦"三个角度出发，对八段锦的起源、发展和特点进行了介绍，对八段锦的健身作用进行了解析，对八段锦的基本功与功法套路的练习方法进行了讲解。

在功法套路的讲解部分，本书不仅通过真人连拍图对动作步骤进行了展示，而且对练习的基本要求、功理作用、呼吸方式及易犯错误进行了讲解。此外，本书免费提供了八段锦的在线学练视频，旨在帮助读者降低学习难度，提升练习效果。无论是八段锦的学习者，还是教授者，都可从本书中受益。

◆ 编　　著　刘艳君　牛爱军

　　责任编辑　刘　蕊

　　责任印制　彭志环

◆ 人民邮电出版社出版发行　　北京市丰台区成寿寺路 11 号

　　邮编　100164　电子邮件　315@ptpress.com.cn

　　网址　https://www.ptpress.com.cn

　　涿州市般润文化传播有限公司印刷

◆ 开本：700×1000　1/16

　　印张：4.5　　　　　　　　　2024 年 9 月第 1 版

　　字数：48 千字　　　　　　　2025 年 9 月河北第 8 次印刷

定价：25.00 元

读者服务热线：**(010)81055296**　印装质量热线：**(010)81055316**
反盗版热线：**(010)81055315**

壹

什么是八段锦

源

八段锦的起源

庄子曰："吹呴呼吸，吐故纳新，熊经鸟申，为寿而已矣。此道引之士，养形之人，彭祖寿考者之所好也。"庄子把这些喜欢强身健体的人们称为"道引之士"和"养形之人"，他们锻炼的目的是像彭祖一样长寿。

八段锦属于导引（又称道引）术，它的源头可以追溯到《黄帝内经》和中国传统养生文化。养生，即养护生命，为的是健康长寿。《黄帝内经》中描述人生的理想状态是"尽终其天年，度百岁乃去"。

《黄帝内经·素问·异法方宜论》中，讲述了生活在不同地域的人们，因为饮食、气候等不同，容易患上不同类型的疾病，需要采取不同的治疗方法，并列举了砭石、毒药、灸焫、九针、导引按蹻这五类治疗方法。因此，导引术具有健康养生和促进疾病康复的双重作用，这一点在八段锦的动作名称中有直观体现，如"两手托天"的目的是"理三焦"，"摇头摆尾"的作用是"去心火"等。

湖南长沙马王堆汉墓出土的帛画《导引图》有 44 幅图像，分成 4 层，每层 11 幅小图，其中一些图像和现在流传的八段锦动作颇为相似，说明八段锦在定型之前，已经在历史长河中孕育了很长时间。

南宋洪迈写作的《夷坚志》中提到，宋徽宗政和七年（公元 1117 年），起居郎李似矩（起居郎是记录皇帝言行的官职）勤于练习向方士学习的熊经鸟伸之术，同时会在夜半时分练习呼吸吐纳，并搭配按蹻推拿；这种锻炼方法名为"八段锦"。这是历史上第一次出现"八段锦"的专门称呼，说明八段锦在宋代的时候已经成型，并已在民间传播。

八段锦主要有两种表现形式，一种是站式，另一种是坐式。其中坐式八段锦出现早、资料多，例如，根据《夷坚志》的描述可知，李似矩练习的是坐式八段锦；明代《正统道藏·修真十书·杂著捷径卷之十九》中记载了"钟离八段锦法"，其口诀为：闭目冥心坐，握固静思神。叩齿三十六，两手抱昆仑。左右鸣天鼓，二十四度闻。微摆撼天柱，赤龙搅水浑。漱津三十六，神水满口匀。一口分三咽，龙行虎自奔。闭气搓手热，背摩后精门。尽此一口气，想火烧脐轮。左右辘轳转，两脚放舒伸。叉手双虚托，低头攀足频。以候逆水上，再漱再吞津。如此三度毕，神水九次吞。咽下汩汩响，百脉自调匀。河车搬运讫，发火遍烧身。邪魔不敢近，梦寐不能昏。寒暑不能入，灾病不能迍。子后午前作，造化合乾坤。循环次第转，八卦是良因。

可见钟离八段锦作为坐式功法，综合了动作导引、呼吸吐

八段锦的发展

纳等多种养生方法。明代的诸多养生著作，如《遵生八笺》《保生心鉴》《夷门广牍》《修龄要旨》《摄生总要》《三才图会》《古今医统》等，提到的八段锦均为"坐式八段锦"，并演化出"十二段锦""十六段锦"等。

与坐式八段锦相比，站式八段锦的出现时间并不算晚，但名称和动作的定型却经历了很长时间。

南宋曾慥在《道枢·众妙篇》中列有八个站立导引动作，其歌诀为：至游子曰：仰掌上举以治三焦者也；左肝右肺如射雕焉；东西独托，所以安其脾胃矣；返复而顾，所以理其伤劳矣；大小朝天，所以通其五脏矣；咽津补气，左右挑其手，摆鳝之尾，所以祛心之疾矣；左右手以攀其足，所以治其腰矣。这些站立动作虽然未以八段锦命名，但已见其雏形。

南宋陈元靓在《事林广记·修真秘旨》中记载了与《道枢·众妙篇》中的"导引八式"相似的功法，称为"吕真人安乐法"。其歌诀曰：昂首仰托顺三焦，左肝右肺如射雕；东脾单托兼西胃，五劳回顾七伤调；鳝鱼摆尾通心气，两手搬脚定于腰；大小朝天安五脏，漱津咽纳指双挑。

从歌诀文字和功法内容来看，"吕真人安乐法"相对《道枢·众妙篇》

中的"导引八式"更加丰富和完善。

事实上，站式八段锦直到晚清才得以盛行。《新出保身图说·八段锦》中提供了"八段锦图"，并且配有说明文字：两手托天理三焦；左右开弓似射雕；调理脾胃须单举；五劳七伤往后瞧；摇头摆尾去心火；背后七颠百病消；攒拳怒目增气力；两手攀足固肾腰。

这是首次将导引术正式冠以"八段锦"之名，并将功法名称、内容等以歌诀形式固定下来，还对每一式的习练方法、效果等进行了简要介绍。

此后，坐式八段锦和站式八段锦得以加速发展，近年来更是得到了大众的喜爱和广泛传播。作为一种历经多个朝代而流传下来的健身气功，可以说，八段锦已经成为中国传统文化和中国传统养生体育的标志性符号之一。

八段锦的特点

| 练养相兼，动静结合 |

在"练养相兼"中，"练"的是筋骨、肌肉，"养"的是脏腑气血。就练习八段锦而言，"练"是指肢体动作、呼吸调节与意念运用有机结合的锻炼过程，"养"是指通过"练"使身体出现轻松舒适、呼吸柔和、意守绵绵的静养状态。只练不养，人会特别容易感到疲劳；只有练养相兼，才能内外兼修。

在"动静结合"中，"动"是指在意念引导下，动作柔和缓慢、舒适自然；"静"是指在练习中动作虽略有停顿，但内劲不停，肌肉继续用力，保持牵引、伸拉。在练习八段锦时，要注意适当用力和延长作用时间，这样才能使相应部位受到一定强度的刺激，从而提升锻炼的效果。

| 简便易行，易学难精 |

八段锦之所以能够流传多年而不衰，流派和种类还越来越多，正是因为它动作简单、效果显著。八段锦属于导引术，而"导引"的意思是"导气令和，引体令柔"，指在练习过程中应调息绵绵、心息相合，意念集中、引导气机，再配合肢体动作，可以使神、气、形各安其位、互相协调，保持人体内环境处于最优化的状态。八段锦的动作要和呼吸相互配合，遵循"动缓息长、动息相随"的原理，注意呼吸缓慢和动作柔和，使学习过程和练习过程变得相对容易。

难易总是相对的，虽然八段锦上手快、容易学，但是它的每一个动作都有中国传统文化知识作指引，要求练习者在锻炼过程中逐步体会不同部位由内而外放松，动作绵软松弹、富有韧性，动作和呼吸、意念的配合，等等。冰冻三尺非一日之寒，一层功夫一层理，练习者需要在经年累月的练习过程中逐步加深对八段锦的认识，逐步提升八段锦的练习水平。

内涵隽永，效果显著

八段锦与传统养生文化及中医有着非常密切的联系，体现了"治未病"的理念和智慧。华佗认为"人体欲得劳动，但不当使极尔"。这句话的意思是生命在于运动，但又不可动之过甚。逸而不劳，则气血涩滞；劳而太过，则耗伤气血。宋代蒲虔贯在《保生要录》中提出"养生者，形要小劳，无至大疲。故水流则清，滞则污。养生之人，欲血脉常行，如水之流。坐不欲至倦，行不欲至劳，频行不已，然宜稍缓，即是小劳之术也"。这段话的意思是既要经常运动，又要注意强度，不要使身体太疲劳。八段锦就是这样一种让人锻炼过后不会感到太疲劳的运动，不光不会感到疲劳，还会让人精神振奋，保持清醒的头脑和饱满的精力。

培补精气

强肺通气

身心共养

终身锻炼

武

为什么练八段锦

因

强化脏腑

身心共养

生命是由"身"和"心"两个方面组成的，这两方面既相互独立又密不可分。中医讲究"身心同治"，因为一个人的心理状态会影响到其身体机能正常与否；同样，身体机能的状态也会引起情绪和心理的正向或负向波动。

《黄帝内经》中提出"心为五脏六腑之大主"，意思是"心"统摄着五脏六腑，忧伤肺、思伤脾、怒伤肝、恐伤肾……情志之伤，从心而发，心平则气顺，气顺则脏腑协调、身体康健。

因此，练习八段锦时的第一要务是让心静下来，做到心无旁骛，呼吸平缓，动作柔和，这样才能达到养护身心、改善体质的功效。

培补精气

生命的运行需要能量，能量足则状态佳，能量不足则感到虚弱。中医认为能量就是"精气"，其中"精"分为先天之精（即肾精）和后天之精，"气"分为气、氣、炁。

虽然八段锦的动作简单易学，但每一个动作及动作与动作的衔接都经过精心编排，它们的作用在于培补元气、增强肾精，以达到《黄帝内经》中描述的"呼吸精气，独立守神"。

要获得良好的练习效果，必须注意动作与呼吸的相互配合。刚开始练习八段锦时，可使用自然呼吸的方法。随着练习的深入，可尝试使用"逆腹式呼吸法"（详见第三章对应内容），这种呼吸方法有助于提升肾气、降低心火，产生"心肾相交"的作用。

另外，在练习八段锦的过程中，应着重体会"力发于脚、主宰于腰、行于手臂"。因为腰是人体的中枢，也是全身性动作的枢纽，任何全身性动作都要借助腰腹的用力而完成。中医认为腰为肾之府，意思是说"腰是肾的家"，练腰的实质是在练肾，例如八段锦中的"两手攀足固肾腰"，"肾腰"连用就是在说明"肾"与"腰"之间的关系。

如前文所述，随着八段锦练习的深入，可尝试使用逆腹式呼吸法。这是因为逆腹式呼吸法有如下益处。

首先，人的呼吸并不能把肺里的气体一次性全部排出来，而逆腹式呼吸能够最大限度地让这些气体和外界得到交换，增强人体"吐故纳新"的能力。

强肺通气

其次，中医上讲，肺是保护人体的屏障；现代医学也证明了肺功能的正常运转对于人体健康的重要性。因此，通过锻炼强化肺功能是十分有必要的。逆腹式呼吸法可以有效强化肺功能。

强化脏腑

不论是在休息、工作，还是在运动、娱乐，你的五脏六腑都在协调运转，维持着你的生命活动。五脏六腑的工作如此繁重，却难以得到放松和按摩，长此以往就容易产生健康问题。而在练习八段锦的时候，采用动作配合逆腹式呼吸法的方式，可以对内脏起到一定程度的按摩作用，并强化内脏功能。如果想提升对内脏的按摩作用，可以在吸气之末和呼气结束的时候，保持一下"屏息"的状态。

练习八段锦对场地等条件要求不高，更不需要额外的锻炼器械。不同年龄阶段的练习者可以根据自己的身体状况和外部环境选择成套、多式或单式练习，也可以通过调整姿势和动作幅度来调节运动强度。八段锦具备开展方便、实效显著的特点。若能学会八段锦并坚持锻炼、不断提升，练习者可终身受益。

叁

怎么练八段锦

法

国术健身 ／ 八段锦

基本功练习

功法练习

基本功练习

八段锦的呼吸方法以自然呼吸、腹式呼吸（尤其是逆腹式呼吸）为主，还涉及提肛呼吸、停闭呼吸等，各种呼吸方法的合理使用，会让练功取得更好的效果。

自然呼吸 |

自然呼吸，即自身顺其自然地进行呼吸，呼吸过程中不施加任何人为的干涉，自由地进行呼吸。在八段锦功法练习初期，一般保持唇齿自然闭合，用鼻呼吸的自然呼吸方式。呼吸的快、慢、长、短，都依据个人身体情况而改变。

腹式呼吸 |

腹式呼吸可人为控制呼吸的深度和时间，通过膈肌和腹肌的运动，使腹部有规律地起伏，从而达到提升肺换气量和改善内脏功能的作用。

腹式呼吸可分为顺腹式呼吸与逆腹式呼吸两种。

顺腹式呼吸：吸气过程中，保持腹部肌肉放松，用鼻吸气，气息深而长，使气体充盈肺部，胸腔容积增大，使胸腔与腹腔之间的膈肌下降，脏器下移，腹部鼓起。双手放在腹部能感知腹部的隆起。呼气过程中，收缩腹部肌肉，用嘴呼气，像吹气球一样，慢速、匀速地吹出尽可能多的气体。在顺腹式呼吸中，深吸气并尽量吐气能激活肺部不常用的肺泡，提升肺的换气量。

逆腹式呼吸：吸气过程中，用鼻吸气，同时主动收缩腹肌，尤其是下腹部肌肉，尽力使肚脐向脊柱方向靠近。气息深而长。呼气过程中，用鼻缓慢呼气，同时放松腹部肌肉，呼出尽可能多的气体。在逆腹式呼吸中，吸气时腹肌的收缩和膈肌的下降，同时挤压腹部空间，使腹压增高，能起到刺激、按摩内脏的作用，有助于改善内脏功能。

提肛呼吸 |

即在呼吸过程中加入提肛动作，吸气的同时收缩肛门和会阴周围肌肉，呼气的同时放松肛门和会阴周围肌肉。

停闭呼吸 |

即在呼气或吸气后，短时停止呼吸动作的呼吸方法，以增加对肌肉、关节和内脏的刺激。一般来说，停闭时间不要超过 2 秒。

握固

拇指屈曲，抵于无名指指跟处，其余四指屈曲握在一起。

自然掌

手掌伸出，五指自然伸直，稍稍分开，掌心稍稍内含。

八字掌

手掌伸出，食指向上，拇指与食指自然分开呈"八"字，其余三指屈曲，指缝间有间隙，微微含掌。

龙爪

手掌伸出，虎口张开，五指撑圆，每个手指的第一、二指节屈曲内扣。

| 步型练习 |

并步 |

双腿伸直，并拢，脚尖向前；双臂
自然垂于身体两侧；头部中正，目
视前方。

开步 |

双脚左右分开站立，双脚距离约同肩宽；双臂自然垂于身体两侧；头
部中正，目视前方。

马步 |

屈膝半蹲站立,双脚之间距离大于肩宽,
膝盖前顶但不超过脚尖,膝关节夹角大
于 90°。上身挺直,目视前方。

| 桩功练习 |

抱元（抱球）桩 |

双脚开步站立,双脚距离约同肩宽,双腿屈膝下蹲；双手在身前环抱,
指尖相对,环抱高度在肩部和裆部之间（根据功法的不同,环抱高度
也会有所差异）。目视前方或前下方。

无极桩 |

并步站立，双腿并拢；双臂下垂，手腕放松，双掌自然贴在身体两侧，双肩放松，收下颌，目视前方；闭唇，舌抵上腭。

扶按桩 |

双脚开步站立，双脚距离略大于肩宽，双腿屈膝下蹲；同时双臂稍稍屈肘，掌心向下，指尖向前，于身体两侧向下按掌至与髋同高。目视前方。

意念练习

八段锦功法练习中，合理运用以下几种意念，有助于集中注意力，功法动作也会更加准确。

意念动作过程 |

即在功法动作练习的过程中，加入意念。将意念集中于动作是否准确，是否合乎练功要领。将意念与动作过程相结合，最终达到形神合一。

意念呼吸 |

即在呼吸中加入意念。将意念集中于对呼吸的调整，使呼吸与动作达到更好的配合。

意念身体部位 |

即在练功过程中，将意念集中于身体重点部位，使人快速排除杂念，提升动作准确性。意念身体部位有助于充分发挥功法的作用。

存想法 |

即在练功入静时，自己设想某种形象或景象，并将自身融入其中，使这种形象或景象对心理产生影响，进而对生理产生影响，起到积极的调节身心的作用。

默念字句 |

即在练功过程中，心内默念动作的歌诀，以及每一式动作的名称，有助于排除杂念，将注意力集中于练功，稳定心神。

功法练习

基本要求

一、双臂侧举时，内旋，使掌心向后。

二、双臂在身前抱球时，头部上引，背部竖直，肩部放松。

三、屈膝下蹲时，双膝不能超过脚尖。

双腿并拢站立，双臂下垂，手腕放松，双掌自然贴在身体两侧，双肩放松，收下颌，目视前方；闭唇，舌抵上腭。

重心先右移，抬左脚后再左移，左脚向左迈一步，脚尖向前，双脚距离约等于肩宽。

（三）

（四）

保持身体其他部位动作不变，双臂内旋向两侧抬起约 45°，掌心向后，直至手掌约同腰高。

双腿稍稍屈膝；同时双臂外旋，向身前合拢如抱球，手臂呈弧形，指尖相对。目视前方。

<table>
<tr><td rowspan="3">功
法
提
示</td><td>功理作用：调节身形和呼吸，凝神静气，帮助练功者进入练功状态。</td></tr>
<tr><td>呼　　吸：步骤三吸气，步骤四呼气，其余步骤自然呼吸。</td></tr>
<tr><td>易犯错误：跪膝、背部没有挺直、双脚呈八字脚。</td></tr>
</table>

第一式 两手托天理三焦

基本要求

一、双手在小腹前交叉，再翻掌上托。

二、向上托掌时，肩部放松，上托高度到胸部以上时，充分
　　舒展胸部和身体，掌心向上，抬头看双手。

三、双臂上托直至手臂伸直，力在掌根。

四、动作缓慢。

接上式。双掌下落至小腹前，掌心向上，双臂呈弧形。目视前方。接
着双手靠近，于小腹前十指交叉。

双腿缓慢伸膝直立，同时双臂屈肘，双手上托至胸前。

双手从胸前继续垂直上托，同时双臂内旋，掌心逐渐转为向上，直至双臂伸直。抬头，目视双手。

双臂保持伸直，身体充分伸展，收下颌，目视前方，动作停顿片刻。

重心下降，同时双臂向身体两侧下落。

双腿屈膝，双臂继续下落至与身体呈 45° 夹角时，微微屈肘，双臂呈弧形，双手抱于腹前，掌心向上。目视前方。本式动作可做 6 遍。

功法提示

功理作用： 上托动作使身体得到充分伸展，可提升身体的灵活性；此式可激活肩颈部软组织，有助于改善肩颈部功能；此式对胸腔、腹腔、盆腔均进行了牵拉，可刺激脊柱和内脏，增强神经系统功能及内脏功能。

呼　　吸： 步骤①自然呼吸，步骤②、③双臂上举时吸气，步骤④停闭呼吸，步骤⑤、⑥双臂下落时呼气。

易犯错误： 双掌上托时耸肩；双掌从胸前上托时，没有垂直上托；上托时手臂伸展不充分，抬头力度不够。

|第二式 左右开弓似射雕|

基本要求

一、蹲马步时要平稳，双脚距离要大一些，脚尖向前，大腿在膝盖水平线以上。

二、做开弓动作时，侧推的手臂高与肩平，眼睛看向"八字掌"，拉弓的手拉向同侧肩前。

三、变马步为并步时，保持身体稳定。

（一）

接上式。重心先右移，接着左脚向左迈一步，脚尖向前，双脚距离约为肩宽的2倍，然后双腿伸膝；同时双臂屈肘上抬，双手在胸前交叉，掌心向内，左掌在外。目视前方。

（二）

右手五指屈曲，变为"龙爪"，左手食指上指，拇指自然展开，其余手指屈曲，呈"八字掌"。

双腿下蹲呈宽马步，同时左手向左水平推出，直至手臂伸直，坐腕，掌心向左，右臂屈肘，右手水平右拉至右肩前。目视左手，动作稍稍停顿。

重心提升并右移，左腿伸直，右腿屈膝；同时右手向上、向右摆动，双手变自然掌，右手向右推至手臂伸直，坐腕，掌心向右。目随右掌动。

（五）

重心移至右腿，左脚并向右脚，双腿伸膝，呈并步直立姿势；同时双手下落于腹前，双臂呈弧形，掌心向上，指尖相对。目视前方。

（六）

右式动作与左式相同，方向相反。重心先左移，接着右脚向右迈一大步，脚尖向前，双脚距离约为肩宽的 2 倍，然后双腿伸膝；同时双臂屈肘上抬，双手在胸前交叉，掌心向内，右掌在外。目视前方。

左手五指屈曲，变为"龙爪"，右手食指上指，拇指自然展开，其余手指屈曲，呈"八字掌"。

双腿下蹲呈宽马步，同时右手向右水平推出，直至手臂伸直，坐腕，掌心向右，左臂屈肘，左手水平左拉至左肩前。目视右手，动作稍稍停顿。

（九）

重心提升并左移，右腿伸直，左腿屈膝；同时左手向上、向左摆动，双手变自然掌，左手向左推至手臂伸直，坐腕，掌心向左。目随左掌动。

（十）

重心移至左腿，右脚并向左脚，双腿伸膝，呈并步直立姿势；同时双手下落于腹前，双臂呈弧形，掌心向上，指尖相对。目视前方。

本式可做 3 遍。第 3 遍最后一个步骤时，右脚向左收半步，双脚距离约同肩宽，屈膝下蹲；同时双手下落于腹前，双臂呈弧形，掌心向上，指尖相对。目视前方。

功法提示		
功理作用：	蹲马步动作可锻炼下肢，提升下肢肌肉力量；双手的手型及双手的动作可增强上肢肌肉力量，提高腕关节灵活性；背部平直，头部左右扭动，可活动肩颈部位，改善颈椎功能，预防肩颈问题的发生。
呼　吸：	步骤一、二、四、六、七、九吸气，步骤三、五、八、十呼气，其中步骤三、八在动作即将结束时停闭呼吸，直至动作停顿结束。
易犯错误：	"八字掌""龙爪"手型不正确或混淆；耸肩；蹲马步时臀部向后抬；脚尖没有向前。

|第三式 调理脾胃须单举|

基本要求

一、双臂一上一下摆动时，动作圆转流畅。

二、双手在胸前上下相交时，上方手指尖斜向上，下方手指尖斜向下。

三、双手上撑、下按时，均力达掌根，上方手的中指尖与肩膊上下对齐，下方手按于胯旁。

四、双手在上撑、下按后，均按原路返回。

接上式。双腿逐渐伸膝直立；同时左臂内旋，左手上抬至左胸前，指尖斜向上，掌心向内，右臂内旋，右手下落，掌心向内。

左臂内旋上抬，力在掌根，掌心斜向上，右臂内旋，掌心向下，下按至右胯旁。双臂均呈自然弧形。动作停顿片刻。目视前方。

双腿缓慢屈膝下蹲；同时左臂外旋，屈臂下落，沿原路返回至腹前，右臂外旋，沿原路返回至腹前，双手在腹前捧掌。

双腿逐渐伸膝直立；同时右臂内旋，右手上抬至右胸前，指尖斜向上，掌心向内，左臂内旋，左手下落，掌心向内。

右臂内旋上抬，力在掌根，掌心斜向上，左臂内旋，掌心向下，下按至左胯旁。双臂均呈自然弧形。动作停顿片刻。目视前方。

双腿缓慢屈膝下蹲；同时右臂外旋，屈臂下落，沿原路返回至腹前，左臂外旋，沿原路返回至腹前，双手在腹前捧掌。

本式可做3遍。第3遍最后一个步骤时，右臂外旋，掌根向前，右手下落至右胯旁，双手掌心向下。双腿屈膝，目视前方。

功法提示

功理作用： 双手分别上撑、下按，可牵拉腹腔，促进腹腔内脏的活动，改善腹腔内脏功能；本式动作可牵拉脊柱，刺激脊柱周围肌肉和软组织，使脊柱更加灵活、稳定，预防颈椎、腰椎疾病的发生。

呼　　吸： 步骤一、二、四、五吸气，步骤三、六、七呼气，其中步骤二、五在动作即将结束时停闭呼吸，直至动作停顿结束。

易犯错误： 双手在身前时横掌；上举手的中指尖没有对准该侧肩膀；双手上撑、下按后，没有沿原路返回。

|第四式 五劳七伤往后瞧|

基本要求

一、头部转动的时候，身体始终保持向前，不要跟随扭转。

二、手臂内旋、外旋要充分，双臂有拉伸、拔长之意。

三、头部转动时，眼睛看向斜后方。

四、双掌下按时，按至髋部两侧，指尖向前，且屈膝，腰部放松，髋部下沉。

（一）

接上式。双膝伸直，重心提升；同时指尖下压，掌心向后。目视前方。

（二）

保持身体其他部位动作不变，双臂向两侧抬起，同身体约呈 45°。

双臂外旋，掌心向上，双臂充分伸展；同时头部缓慢左转，看向左后方。动作停顿片刻。

双臂内旋，掌心向前，同时头部右转回正。双腿屈膝下蹲，同时双臂落至身体两侧，双掌下按至髋部两侧，指尖向前。目视前方。

（五）

右式动作与左式动作相同，方向相反。双膝伸直，重心提升；同时指尖下压，掌心向后。目视前方。

（六）

保持身体其他部位动作不变，双臂向两侧抬起，同身体约呈 45°。

双臂外旋，掌心向上，双臂充分伸展；同时头部缓慢右转，看向右后方。动作停顿片刻。

双臂内旋，掌心向前，同时头部左转回正。双腿屈膝下蹲，同时双臂落至身体两侧，双掌下按至髋部两侧，指尖向前。目视前方。

（九）

本式可做 3 遍。第 3 遍最后一个步骤时，双掌收向腹前，掌心向上。

<table>
<tr><td rowspan="3" align="center">功法提示</td><td>功理作用：</td><td>旋臂动作、上肢伸展动作有利于舒展身体，牵拉胸腔和腹腔，刺激内脏，改善内脏功能；转头动作可刺激颈椎，提升颈椎灵活性，改善颈椎功能；眼睛看向侧后方，可刺激眼部肌肉，缓解眼疲劳，提升眼部健康。</td></tr>
<tr><td>呼　吸：</td><td>步骤一、二、三、五、六、七吸气，步骤四、八、九呼气。其中步骤三、七在动作即将结束时停闭呼吸，直至停顿结束。</td></tr>
<tr><td>易犯错误：</td><td>转头时上身容易跟随转动或后仰，并致使双脚不稳；旋臂错误或不充分；手臂抬起，旋臂后没有充分伸展手臂；转头速度过快。</td></tr>
</table>

第五式 摇头摆尾去心火

基本要求

一、双掌上托时，双臂呈弧形，掌心斜向上。

二、转腰时，双手轻扶膝关节上方，始终目视前方。

三、摇头、摆尾动作要协调，圆转流畅，以摆尾动作为主，摇头动作配合进行，收腹含胸。

接上式。重心左移，右脚向右迈一步，脚尖向前，双脚距离约为 2 倍肩宽，双膝伸直；同时双手上托至胸前，双臂内旋，掌心向外，并继续上托至头顶上方，双臂呈弧形，掌心向上。目视前方。

双臂从身体两侧下落至侧平举后，双腿屈膝下蹲呈马步，同时双臂屈肘，双手轻扶双膝上方。目视前方。

双腿稍稍伸膝，重心提升。

重心右移，右腿保持屈膝，左腿伸展至略微屈膝，上身向右倾斜约 45°，保持右手扶膝上方，左臂自然伸展。

保持身体稳定，上身俯向右前方。目视右脚。

重心左移，左腿屈膝，右腿伸展至略微屈膝，同时上身向左画半圆，左臂屈肘，左手扶左膝上方，右臂自然伸展。

保持双腿屈膝，髋部右推，尾椎依次向右、向前、向左、向后，随后转正，身体重心回到双腿之间，双手扶膝上方；同时保持下颌抬起，头部向左、向后转。目视前上方。

收下颌，尾椎回正，降低重心。目视前方。

右式动作与左式动作相同，方向相反。双腿稍稍伸膝，重心提升。

重心左移，左腿保持屈膝，右腿伸展至略微屈膝，上身向左倾斜约
45°，保持左手扶膝上方，右臂自然伸展。

保持身体稳定，上身俯向左前方。目视左脚。

重心右移，右腿屈膝，左腿伸展至略微屈膝，同时上身向右画半圆，右臂屈肘，右手扶右膝上方，左臂自然伸展。

保持双腿屈膝，髋部左推，尾椎依次向左、向前、向右、向后，随后转正，身体重心回到双腿之间，双手扶膝上方；同时保持下颌抬起，头部向右、向后转。目视前上方。

收下颌，尾椎回正，降低重心。目视前方。

十五

本式可做 3 遍。做完第 3 遍后，身体重心左移，右腿伸展；同时双臂外旋，双手上抬至侧平举，掌心向上。

右脚向左收一小步，双膝伸展直立，双臂保持伸直，上举至头顶，掌心相对，双掌距离约同肩宽。目视前方。

双臂屈肘，双手下落至胸前时，双腿屈膝，双手继续下落至腹前，指尖相对。目视前方。

功法提示

功理作用： 摇头摆尾动作可充分活动脊柱及其周围肌肉、软组织，提升脊柱灵活性和稳定性，预防颈椎、腰椎疾病的发生；身体大幅度下俯，扭转，可刺激内脏，改善内脏功能，尤其是消化系统功能。

呼　　吸： 步骤、、、、、、、吸气，、、五、六、八、十一、十二、十四、忙呼气。

易犯错误： 上身摇转时，尾椎摆动僵硬，颈部肌肉紧张，动作不协调；蹲马步时，双手过于用力按膝上方；摇头摆尾时没有含胸收腹；摇转时上身过于前倾。

第六式 两手攀足固肾腰

基本要求

一、摩运时始终保持伸膝。

二、向前俯身时，从颈部到肩部、腰部，逐渐放松。

三、上身抬起时，先塌腰，臀部后翘，头部微微上抬，然后手臂前伸，带动上身抬起。

四、摩运时，双手沿背部脊柱两侧缓慢向下摩运至臀部后侧，然后再伴随上身的前倾，双手沿腿部后侧向下摩运至脚踝、脚面。

接上式。双腿继续屈膝下蹲，双肘收向身体，指尖向前，掌心向下，双手距离约同肩宽。

双腿伸膝直立，双臂伸直，从身前上摆至头顶上方，掌心向前。目视前方。

保持身体其他部位动作不变，双臂外旋，掌心相对。

双臂屈肘下落，手臂在胸前约水平，双手指尖相对，掌心向下。目视前方。

保持身体其他部位动作不变，双臂外旋，掌心向上。

双肩后展，双手贴身划至腋下，指尖向后穿插，拇指在前。

双手继续后插，掌心贴于背部脊柱两侧，然后双手向下摩运至臀部后侧。

上身前俯，同时双手从臀部后侧继续沿腿部后侧向下摩运至脚踝，再手臂内旋，摩运至脚面，指尖向前。目视下方。

塌腰，臀部后翘，头部微微上抬，然后双臂前伸，带动上身抬起，约与地面平行。

双臂保持伸直，沿身前继续上举至头顶上方，带动身体直立。双手距离约同肩宽，掌心向前。目视前方。

本式可做 6 遍。做完第 6 遍后，双腿微微屈膝下蹲，同时双臂沿身前下落至腹前，指尖向前，掌心向下。

功法提示	功理作用：双臂的屈伸、双手的摩运动作，可活动肩关节、腕关节，提升上肢灵活性；躯干的屈伸动作，可充分刺激脊柱及其周围的肌肉和软组织，拉伸腹部、背部及大腿后侧的肌肉，提升这些部位肌肉的力量，强化身体稳定性，同时可挤压刺激内脏，改善内脏功能。
	呼 吸：步骤一、二、五、六、七、十吸气，步骤三、四、八、十一呼气，步骤九停闭呼吸。
	易犯错误：摩运时双膝屈曲；上身前俯的时机不对，应与双手从臀部向下摩运的时机相同；起身时先起身，后抬臂，应以抬臂带动起身。

第七式 攒拳怒目增气力

基本要求

一、马步的高低可根据个人身体情况而定，脚尖向前，双膝不能过脚尖。

二、攒拳时双肩放松，肘部下压。

三、出拳时，肘与小臂贴身出拳，瞪眼怒目，目视出拳。

四、出拳后旋腕时，先手臂内旋使掌心向外，再依照向内、向上、向外、向下的顺序旋转手腕一周。

（一）

接上式。重心右移，双腿屈膝下蹲，左脚向左迈一大步，脚尖向前；同时双手握固，屈肘收向腰间。目视前方。

（二）

保持马步稳定，脚趾抓地，左手缓慢向前出拳，且握固力度逐渐加大，瞪目，目视左拳。

左手变拳为掌，掌心向右，指尖向前。然后左臂内旋，掌心向外。

左腕先内旋，再向上、向外、向下旋腕一周，掌心向前，继而握固，拳心向上。目视左拳。

保持身体其他部位动作不变，左臂屈肘，左拳缓慢收向腰间，目随拳动。待收拳完成后，目视前方。

右式动作与左式动作相同，方向相反。保持马步稳定，脚趾抓地，右手缓慢向前出拳，且握固力度逐渐加大，瞪目，目视右拳。

右手变拳为掌，掌心向左，指尖向前。

右臂内旋，掌心向外。

右腕先内旋，再向上、向外、向下旋腕一周，掌心向前，继而握固，拳心向上。目视右拳。

保持身体其他部位动作不变，右臂屈肘，右拳缓慢收向腰间，目随拳动。待收拳完成后，目视前方。

本式可做 3 遍。做完第 3 遍后，双腿伸膝，重心提升，左脚收向右脚，身体直立。目视前方。

双臂自然垂落于身体两侧，同时双拳变掌。目视前方。

功法提示	**功理作用**：瞪眼怒目动作，可锻炼眼睛相关肌肉，改善视力；旋腕动作可充分活动腕关节；攒拳、冲拳可提升上肢肌肉力量；脚趾抓地可刺激足底神经，促进血液循环。
	呼　吸：步骤一、五、十吸气，二、三、六、七、八、十一、十二呼气，步骤四、九停闭呼吸。
	易犯错误：马步不稳；旋腕混乱；出拳速度太快；出拳耸肩，或上身前俯。

| 第八式 背后七颠百病消 |

基本要求

一、保持双腿并拢直立。

二、踮脚时脚趾抓地，头颈正直，头部上引，双肩放松。

三、落脚时周身放松，落脚动作缓慢，力度以轻轻震击地面为宜。

侧视图

接上式。保持双腿并拢，双臂贴于身体两侧，头顶上引；同时双脚踮脚，脚跟尽力上抬，脚趾抓地，动作停顿片刻。目视前方。

侧视图

脚跟先缓慢下落一半高度，接着动作停顿片刻，然后落地，做轻轻震动之势，周身放松，动作停顿片刻。可重复踮脚、落脚7次。

功法提示

功理作用： 踮脚动作可锻炼小腿肌肉，增强小腿肌肉力量，同时有助于提升身体平衡能力；落脚震地，对下肢关节和脊柱都能起到刺激作用，使之得到放松，并缓解周身肌肉紧张状况。

呼　吸： 踮脚时提肛吸气，落脚时落肛呼气。

易犯错误： 踮脚时重心不稳，耸肩；脚尖没有向前；周身过于放松而导致背不直。

收势

<table>
<tr><td>基本要求</td><td>一、抬臂时，双臂内旋。</td></tr>
<tr><td></td><td>二、双手叠于腹前时，女性左手在外，男性右手在外，并静养片刻。</td></tr>
</table>

接上式。双腿并拢，双臂内旋，并向两侧抬起约45°，掌心向后。目视前方。

双臂屈肘，双手收向腹前，交叠，女性左手在外，男性右手在外。保持静养片刻。

双手自然垂落于身体两侧。目视前方。

功法提示

功理作用： 调节呼吸，使身体得到放松，从练功状态转入平时状态。

呼　　吸： 步骤一吸气，步骤二呼气，步骤三自然呼吸。

易犯错误： 抬臂时双臂没有内旋；双手在腹前交叠时，双手内外顺序放错。